Pansage
Toilettage
Nattage

Cahiers pratiques du cheval

CLAUDE LUX

Illustrations
YVAN BENOIST-GIRONIÈRE

MALOINE

Collections dirigées par Claude LUX

Collection : « Cheval pratique »
- *Le nouveau palefrenier-soigneur*, C. Lux.
- *Cheval : 100 trucs utiles*, C. Lux.
- *Bien choisir son cheval*, Collectif.
- *Le cheval en pâture*, C. Lux.
- *Maréchalerie pratique : dépannage, ferrage*, C. Lux.
- *Le jeune cheval : éducation, débourrage, dressage élémentaire*, C. Lux.
- *Cheval : le saviez-vous ?* C. Lux.
- *Cheval : guide pratique des métiers et activités*, C. Lux.
- *Cheval : trucs pratiques*, C. Lux.
- *Poney pratique : équitation, propriété, soins*, C. Lux.
- *Le cheval d'extérieur : l'éduquer, le dresser*, V. de Saint-Vaulry.
- *Cheval : 173 erreurs à éviter*, C. Lux.
- *Cheval : bricotrucs*, C. Lux.
- *Avoir un âne chez soi*, I. van de Ponseele, C. Lux.
- *Cheval : métiers et activités*, C. Lux.
- *Bourrellerie. Réparer – Fabriquer*, C. Lux.
- *Atteler chez soi*, B. Lecointe.
- *J'élève mes poneys*, L. Bataille.

Collection : « Cahiers pratiques du cheval »
- *Pansage, toilettage, nattages*, C. Lux.
- *36 numéros amusants de dressage et d'adresses*, C. Lux.
- *Bien équiper son cheval*, C. Lux.
- *J'élève mon poulain*, C. Lux.
- *Réussir ses premiers concours*, C. Lux.
- *Je soigne mon cheval*, C. Lux.

Collection : « Nouveaux examens d'équitation »
- *Préparer ses examens : Galops 1, 2, 3*.
- *Préparer ses examens : Galops 4 et 5*.
- *Préparer ses examens : Galop 6*.
- *Préparer ses examens : Galop 7*.
- *Préparer ses examens : Galop 8*.
- *100 questions-réponses d'examens : Galops 1 à 5*.
- *100 questions-réponses d'examens : Galops 6 et 7*.

Hors collection
- *Réaliser son écurie*, C. Lux.
- *Être cavalier randonneur*, C. Lux.
- *Être cavalier propriétaire*, C. Lux.

Tous droits de traduction, de reproduction et d'adaptation réservés pour tous pays, y compris la Suède et la Norvège.

Toute reproduction, même partielle, de cet ouvrage est interdite. Une copie ou reproduction par quelque procédé que ce soit, photographie, microfilm, bande magnétique, disque ou autre, constitue une contrefaçon passible des peines prévues par la loi du 11 mars 1957 sur la protection des droits d'Auteur.

© Éditions Maloine, 1992
Dépôt légal : janvier 1995 – ISBN : 2-224-02153-4

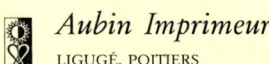

Aubin Imprimeur
LIGUGÉ, POITIERS

Achevé d'imprimer en janvier 1995
N° d'impression P 48208
Imprimé en France

LA PEAU, LES POILS ET LES CRINS

Un cheval élevé sans soins prend un aspect négligé et disgracieux et perd toute prestance. Pansage régulier, toilettage et nattages appliqués le présentent avec ses meilleurs atouts.

Le pansage et le toilettage portent sur la peau, les poils et les crins, ainsi que sur les châtaignes et les sabots.

LA PEAU
Les pores laissent passer la sueur en se dilatant lorsqu'il fait chaud. Il est préférable de toiletter la crinière par temps chaud, car les crins morts s'arrachent plus facilement. Les pellicules de peau morte se détachent sous les poils.

Un pansage soigné les élimine. Le cheval dispose d'une réserve de pigments qui protègent sa peau du soleil. En principe, la peau du cheval est donc noire, mais elle peut se décolorer à certains endroits : au bout du nez, aux lèvres, à l'anus... formant des **ladres**.

peau blanche après blessure

ladre

Après une blessure, la peau cicatrisée reste blanche : on parle de peau **glabre**.
Les chevaux de sang élevés en box ont la peau plus fine que ceux de race rustique, qui doivent se protéger du froid et des ronces.

LES POILS

Chaque année, les poils d'été, courts et fins, sont progressivement remplacés, vers la mi-novembre, par une abondante toison de poils d'hiver, longs et laineux.

poils d'hiver

poils d'été

Les poneys et les chevaux de races rustiques, élevés à l'extérieur, ont une toison d'hiver très fournie.
L'hiver, les poils se recouvrent naturellement de sébum gras, ce qui protège le cheval de la pluie. Dès les premières chaleurs, le poil d'hiver tombe, remplacé par le poil d'été. La mue fatigue le cheval et change la couleur de sa robe.
On appelle **épis** les directions irrégulières des poils. Ils peuvent se situer sur l'encolure, la tête, le poitrail et les flancs. Les épis sont inévitables, car le corps est constitué d'une succession de surfaces courbes aux directions de poils différentes : les épis correspondent à leur jonction.

N'enlevez pas les longs poils situés aux lèvres, aux naseaux et aux arcades orbitaires. Ils renferment à leur base des terminaisons nerveuses essentielles aux sensations tactiles de la tête. Grâce à ces poils tactiles, appelés **vibrisses**, le cheval peut percevoir dans l'obscurité des objets proches, sa mangeoire, par exemple.

LES CRINS

La longueur des crins varie en fonction des sujets, des races et du mode d'élevage. Les crins des chevaux ibériques, par exemple, sont naturellement longs. En général, les crins poussent plus rapidement en été et chez les sujets en bonne santé; ils sont fins et soyeux chez les chevaux de sang. Tout comme nos cheveux, les crins ont une durée de vie limitée. Les crins morts, ternes et cassants, sont arrachés lors du toilettage. Les crins touffus peuvent abriter des parasites tels que les poux.

Les châtaignes

Sur le côté intérieur des membres sont situées des excroissances de corne molle : ce sont des châtaignes. Il s'agit de vestiges cornés du pouce qui s'est progressivement atrophié lorsque le cheval a cessé de marcher sur les paumes des mains pour se dresser sur le doigt central qui devint un sabot. L'empreinte de la châtaigne, comme pour nous celle de notre pouce, est propre à chaque cheval et peut constituer un signe de reconnaissance.

antérieurs

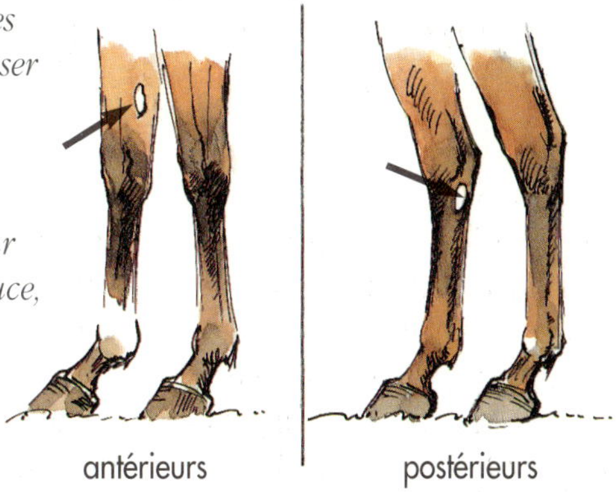

postérieurs

LE PANSAGE

Le pansage, c'est la toilette quotidienne du cheval, qui précède le toilettage. Panser un cheval, ce n'est pas seulement le nettoyer; c'est aussi l'occasion pour le cavalier de communiquer avec sa monture.

À QUOI ÇA SERT ?

Panser un cheval, c'est :
– le décrasser des traces de boue et de fumier qui souillent sa robe;
– enlever les poussières et les particules de peau morte situées sous les poils;
– déboucher les pores de la peau pour améliorer la respiration cutanée;
– nettoyer la sole des sabots et vérifier la ferrure.
C'est aussi aider le cheval à récupérer, en massant ses muscles tout en lustrant ses poils,

et vérifier l'animal dans son ensemble pour déceler d'éventuelles blessures ou affections.
Enfin, le pansage procure un certain plaisir au cheval qui trouve agréable qu'on lui gratte le dos.
Un pansage sommaire a lieu chaque jour avant le travail. Si le cheval rentre crotté, vous le panserez dès qu'il sera sec. Il récupérera mieux pendant la nuit s'il est propre.

COMMENT PROCÉDER ?

■ Avec un **cure-pieds**, commencez par curer les pieds du cheval dans le box. Vous éviterez ainsi de laisser des galettes de fumier dans la cour de l'écurie.
Profitez-en pour vérifier la bonne tenue des fers, leur degré d'usure et l'état de la sole. Puis, sortez le cheval.
■ Après l'avoir attaché à l'extérieur, passez à rebrousse-poil l'**étrille** sur toutes les parties charnues de son corps, en évitant de blesser la peau. Commencez par le côté où le cheval a l'habitude de se faire aborder. Débarrassez l'étrille de la poussière en la tapant sur le sol ou contre le bois de la brosse.

■ Passez ensuite le **bouchon** en donnant, alternativement, un coup à rebrousse-poil pour décoller les poils et soulever la poussière, et un coup dans l'autre sens pour rabattre les poils. Appuyez fortement sur la brosse. Vous pouvez passer doucement sur les yeux par-dessus la paupière, par un mouvement du haut vers le bas. Commencez à démêler la crinière avec le bouchon ou avec une **étrille américaine**.
■ Après ce pansage sommaire, dépoussiérez le cheval et lustrez longuement sa robe avec la **brosse douce**, dont les poils serrés ramassent les poussières et les pellicules de peau morte qui restent sous les poils.
Passez-la dans les deux sens et frottez-la régulièrement sur l'étrille pour dégager les poussières accumulées.
De plus en plus de clubs utilisent un **aspirateur** (certains modèles sont portables) muni d'une brosse. Brossez ensuite la crinière et la queue, brin par brin.
■ Il reste à laver à l'eau, avec une **éponge**, les yeux et les orifices naturels, puis à passer un chiffon de soie ou de laine (nommé **époussette**) sur l'ensemble du corps pour enlever toutes les poussières. La robe brille alors de mille feux !

Comment enlever les œufs de mouche ou œstres ?
Il suffit d'imbiber les crins avec du vinaigre deux ou trois jours d'affilée. Les œstres, apparents sous forme de points jaunes accrochés dans la crinière et sur les poils des membres, tombent tout seuls.

POURQUOI TOILETTER ?

Sur le corps, chevaux ou poneys portent quatre types de crins qui leur sont très utiles : la crinière, le toupet, la queue et les fanons.
Aussi faut-il bien les entretenir, sans négliger l'effet esthétique obtenu.

UTILITÉ DES CRINS

■ La crinière
Elle tombe naturellement d'un seul côté ou sur les deux côtés de la tête, ce qui complique le toilettage.
Tout comme nos cheveux tiennent chaud à notre tête, la crinière protège l'encolure du froid et de la pluie qui ruisselle le long des crins, imperméabilisés par le sébum gras. En secouant son encolure, le cheval agite sa crinière, ce qui éloigne les insectes.

■ Le toupet
Les mouches sont un des principaux ennemis du cheval en pâture. Les insectes gênent la face du cheval et s'agglutinent aux coins de ses yeux. En secouant la tête, il se sert de son toupet comme d'un chasse-mouches naturel.

■ La queue
Le cheval dispose d'une queue très mobile, animée par le couard, partie rigide où les crins prennent naissance. En fouaillant de la queue, le cheval peut chasser les

POURQUOI TOILETTER ?

insectes d'une grande partie de son corps. Observez les chevaux en été : ils se placent par deux, tête-bêche, pour éloigner mutuellement les insectes qui les harcèlent. Les crins latéraux du haut de la queue protègent les peaux sensibles de l'anus et de la vulve des piqûres des insectes. Evitez de dégarnir le haut de la queue d'un cheval élevé à l'extérieur.

■ **Les fanons**
A l'arrière des boulets, l'ergot est garni d'une touffe de poils : le fanon. Ces fanons jouent un rôle de gouttière, mettant les plis des paturons à l'abri de l'eau de pluie qui s'écoule le long de ces touffes de crins. Les fanons protègent donc les membres du cheval des douloureuses crevasses dues à l'humidité prolongée.

UTILITÉ DU TOILETTAGE

Les crins du cheval privé de soins s'emmêlent et forment des boules impossibles à démêler sans arracher des touffes entières. Les crins morts épaississent la crinière qui prend un aspect ébouriffé. De plus, si la crinière n'est jamais brossée, des pellicules de peau morte s'agglutinent et nuisent à l'hygiène de la peau. A l'état naturel, la queue s'allonge démesurément et des ronces y restent accrochées. Saviez-vous que la colonne vertébrale d'un cheval peut se rompre si un autre cheval

9

marche sur sa queue laissée trop longue ? La queue est en effet reliée à la colonne vertébrale par l'intermédiaire des vertèbres coccygiennes qui forment le couard. Outre les raisons pratiques, on toilette le cheval pour améliorer son esthétique, entretenir sa crinière et sa queue, affiner sa silhouette et lui donner une allure soignée. Il faut cependant veiller à conserver au cheval élevé à l'extérieur ses défenses naturelles, en particulier les crins. De plus, le toilettage permet de personnaliser l'aspect de votre cheval. Selon la race et l'utilisation du cheval, le style de toilettage est différent. Un pur-sang porte généralement des crins assez courts. Pour les raisons indiquées plus haut, les crins du cheval séjournant en pâture sont laissés relativement longs. Les chevaux des races ibériques, andalous et portugais, ou les chevaux arabes sont traditionnellement laissés «tous crins», ce qui nécessite un entretien régulier. Les arabes ont une coupe particulière du passage de têtière.

Vous trouverez dans les pages qui suivent toutes les indications en fonction des races et des utilisations.

Les endroits à toiletter.

Conseils pratiques

- *Démêlez régulièrement les crins d'une crinière longue : vous éviterez d'arracher des mèches entières emmêlées, surtout si le cheval séjourne en pâture. Les crins brossés poussent plus rapidement.*
- *Les crins sont totalement insensibles : vous pouvez les tirer et les arracher sans risquer de faire souffrir le cheval.*
- *Les poils ternes et cassants sont parfois le signe d'une mauvaise santé du cheval ou de la nécessité de le vermifuger.*
- *Donnez-lui de l'huile de foie de morue (une cuillère à soupe dans sa ration) : cela fait briller les poils et les crins.*
- *Pour faire briller les crins, vous pouvez aussi appliquer sur la crinière, avec une brosse, du pétrole Hahn dilué à 25 %.*
- *Pour accélérer la pousse des crins, vous pouvez ajouter à la nourriture du cheval des vitamines que vous achèterez dans les magasins spécialisés (la plus connue est la Biotine®, un acide aminé souffré, cystine B6).*

LES INSTRUMENTS

■ **Le cure-pieds,** avec parfois une brosse. Il sert à curer les lacunes et à nettoyer la sole.

cure-pieds

■ **L'étrille**
En métal ou en plastique, l'étrille sert à décrotter les zones charnues. Elle se révèle particulièrement utile en hiver, lorsque la boue imprègne le poil touffu.

étrille

■ **L'étrille américaine**
Elle permet de démêler efficacement la crinière et la queue sans arracher les crins.

étrille américaine

■ **Le bouchon**
En chiendent ou en plastique, il permet de brosser les poils, démêler les crins, mouiller la crinière et même nettoyer les bottes du cavalier ! Le bouchon est indispensable depuis le pansage jusqu'au nattage du cheval.
Pour pouvoir manier efficacement le bouchon, choisissez un modèle tenant bien dans votre main.
Gardez un vieux bouchon pour nettoyer les sabots.

bouchon

■ **La brosse douce**
Ses poils très serrés retiennent la poussière et les pellicules de peau morte, allant les chercher sous le poil dans un mouvement de va-et-vient. Frottez régulièrement la brosse douce sur l'étrille pour en extirper les poussières. L'action répétée de la brosse douce

brosse douce

peigne, éponge

ciseaux

couteau

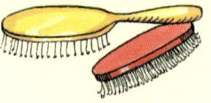
brosses à crins

lustre la robe et fait briller le poil en activant les sécrétions cutanées.
Notez qu'il est difficile, voire impossible, de dépoussiérer complètement un cheval qui séjourne en pâture.

■ **L'éponge**
Une grosse éponge naturelle sert à laver la face du cheval et ses organes génitaux.

■ **Le peigne**
Il est utilisé pour arracher les poils morts de la crinière et la natter. Qu'il soit en plastique ou en aluminium, choisissez un modèle assez grand qui tienne bien dans votre main.

■ **Les ciseaux à bouts ronds**
N'utilisez pas de ciseaux pointus, car vous n'êtes jamais à l'abri d'un écart du cheval lors du toilettage.
Les modèles adaptés ont les extrémités arrondies et sont légèrement cintrés.
Choisissez-les de qualité et ne les laissez pas rouiller, car cela nuit à l'affûtage.

■ Pour certains travaux, un **couteau** se révèle très pratique.

■ Instruments et produits particuliers :
– Pour peigner les crinières fines, un bon truc consiste à utiliser une brosse à cheveux dont les poils métalliques sont terminés par de petites boules.
– Si vous démêlez une crinière épaisse, utilisez une brosse

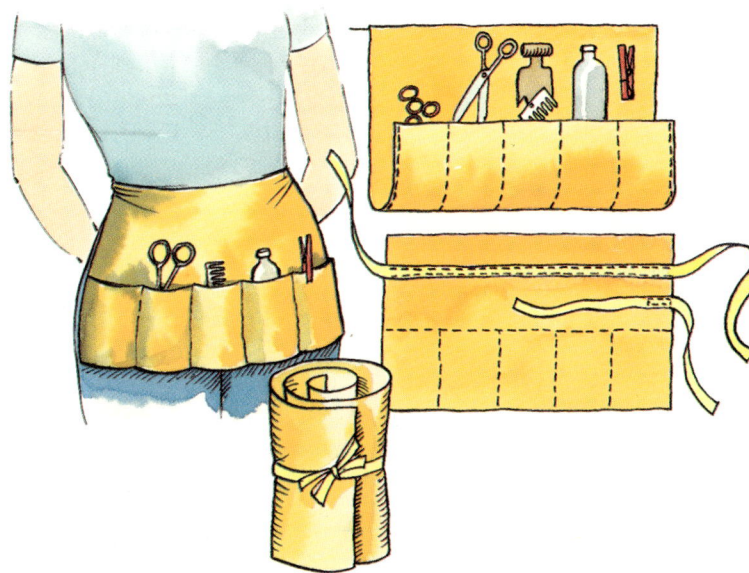

des yeux avec du lait pour peau de bébé.
■ Pour éviter que la poussière nuise au lustre de la robe, vous pouvez pulvériser sur tout le corps un produit antistatique vendu en bombe aérosol. Attention aux réactions du cheval !
■ Avec une toile solide, cousue à la machine, faites-vous un tablier de toilettage où chaque instrument trouvera sa place.
■ Etendez un onguent noir avec un pinceau sur la corne des sabots pour les embellir.

prévue pour le pelage des chiens. Les dents métalliques sont légèrement recourbées. Brossez très progressivement, pour ne pas érafler la peau de l'encolure.
– Pour le nattage, un peigne à quatre dents sera pratique pour diviser la crinière en mèches régulières (voir «Tressages et nattages», p. 21).

QUELQUES TRUCS

■ Certains chevaux se montrent impatients pendant le toilettage : si c'est le cas de votre cheval, procédez par courtes séances journalières et occupez-le en lui présentant du foin placé dans un filet.
■ On peut recouvrir la peau fine du bout du nez et le tour

Fabriquer une caisse de toilettage
Pour ranger tous vos instruments de pansage et de toilettage, utilisez une caisse en bois où vous pouvez vous placer pour toiletter les grands chevaux. Peignez-la à vos propres couleurs : les mêmes que celles de la couverture et des protections.

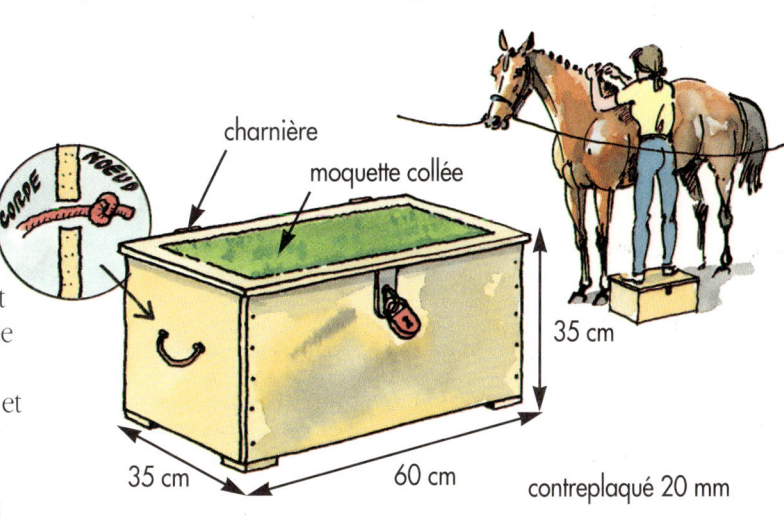

COMMENT TOILETTER ?

On toilette l'ensemble des crins ainsi que les poils indésirables de la tête et des membres. Il faut aussi mettre en valeur les zones de poils blancs de la robe et les ladres, tailler les châtaignes et améliorer l'aspect des sabots.

D'abord, mettez-vous à l'abri du vent et de la pluie, mais dans un endroit éclairé, sur un sol dur et propre. Pour rester libre de vos mouvements, attachez le cheval avec deux longes; vous pouvez aussi l'occuper en mettant à sa disposition un filet avec du foin.

LA CRINIÈRE ET LE TOUPET

Premier principe, ne coupez pas les crins avec des ciseaux, mais arrachez-les à la main. On effile la crinière en arrachant très progressivement les crins de dessous pour qu'elle reste plaquée. Commencez par enlever les crins morts. Démarrez l'effilage par les crins situés à la nuque, en avançant mèche par mèche en direction du garrot. Après avoir désépaissi et effilé la crinière, il reste à la raccourcir et à l'égaliser suivant une ligne courbe parallèle au sommet de

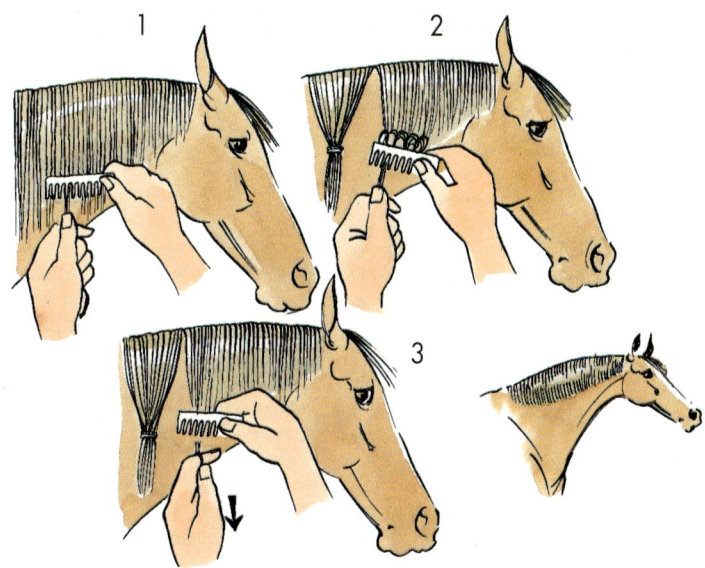

■ **Toilettage style classique**

La crinière classique suit une courbe parallèle au sommet de l'encolure. De même que le toupet, elle est taillée assez courte chez les chevaux qui n'ont pas à utiliser leurs crins comme chasse-mouches. (Suivez les indications des croquis.)

■ **La crinière tous crins**

Que de nombreuses races de poneys ou les chevaux andalous, portugais ou arabes soient laissés tous crins n'exclut pas le toilettage. Mais on ne cherche pas à ce que la crinière suive une courbe parallèle à l'encolure, car les crins sont laissés le plus long possible, surtout au bas de l'encolure.
Ils sont cependant parfaitement effilés, débarrassés des crins morts et soigneusement peignés. Ainsi, lorsque le cheval balance son encolure, sa crinière et son toupet ondulent avec le plus bel effet. C'est l'allure traditionnelle de l'étalon altier qui se pavane.

■ **Style des chevaux arabes**

Si crinières et crins des chevaux arabes sont laissés très longs, on coupe cependant un passage de têtière pour dégager, en bec de cygne, la partie supérieure de l'encolure qui gagne ainsi en élégance.

l'encolure. Même une crinière tous crins doit être entretenue, débarrassée des crins morts et peignée en ayant soin d'enlever les pellicules de peau morte accrochées sous les crins. Les croquis ci-dessus indiquent l'ordre des opérations.

Un conseil : surtout si vous n'avez pas l'habitude de toiletter une crinière, prenez tout votre temps car une erreur est irréparable : les crins repoussent très lentement.

■ **Dégager le passage de têtière**

Si la têtière du bridon n'a pas un contact franc contre l'encolure, l'action du mors perd de sa précision.
Il est donc d'usage de couper les crins du passage de têtière afin qu'ils ne s'emmêlent pas dans le bridon.
Après avoir repéré l'endroit précis où appuie la têtière, soulevez les crins sur environ 5 centimètres de long et coupez-les à ras.

crinière tous crins — crinière arabe — crinière en brosse
crinière semi-longue — crinière rase — crinière classique

■ **Crinière semi-longue**
Les crinières des chevaux de loisirs qui séjournent en pâture sont laissées relativement longues pour les raisons évoquées plus haut. Une longue crinière est cependant difficile à entretenir : elle se charge de boue lorsque le cheval se roule, ses crins s'emmêlent et s'arrachent sur les fils de clôture... Il faut donc démêler soigneusement les crins chaque fois que vous montez le cheval, pour éviter la formation de touffes indémêlables.

■ **Crinière rasée**
Les chevaux de chasse ont souvent, tradition oblige, la crinière et le toupet complètement rasés avec une tondeuse. Vous pouvez également raser la crinière de votre cheval pour des raisons d'hygiène ou si elle est particulièrement disgracieuse. C'est en effet une solution efficace pour discipliner une crinière rebelle : dès que les crins recommencent à pousser, brossez-les tous dans le même sens.

■ **Crinière en brosse**
Les chevaux Fjord, par exemple, portent leur crinière bicolore en brosse, ce qui donne encore plus d'ampleur à leur puissante encolure. La crinière est taillée régulièrement avec une paire de ciseaux ou une tondeuse.

LES MEMBRES
■ **Chevaux en box**
Les fanons des chevaux en box sont coupés très courts, tout comme les poils qui recouvrent les bourrelets à la limite des parois des sabots. Les longs poils qui poussent à l'arrière des fanons sont également coupés, pour affiner la silhouette des membres. Notez que les extrémités des membres des races Shire et des Frisons sont

laissées traditionnellement très fournies.

■ **Chevaux élevés à l'extérieur**

Pour éviter que l'eau de pluie qui ruisselle le long des membres ne s'accumule dans le pli du paturon, les fanons des chevaux séjournant en pâture l'hiver sont laissés relativement longs.
Par contre, les membres sont débarrassés des longs poils qui retiennent la boue et alourdissent leur silhouette.

LA TÊTE

Mis à part le toupet qui fait partie de la crinière, la tête du cheval gagne en élégance si vous prenez la peine de la débarrasser des poils longs à certains endroits.

■ **Les oreilles**

Même pour les chevaux élevés à l'extérieur, on coupe les poils qui dépassent des oreilles.
Il suffit de fermer le lobe avec une main et, de l'autre, de couper tous les poils qui dépassent avec des ciseaux. Les poils intérieurs empêchent les mouches et l'eau de pluie de pénétrer dans les oreilles. Pour affiner l'allure des oreilles des chevaux élevés en box, vous pouvez couper une partie des longs poils intérieurs, après avoir retourné l'oreille.

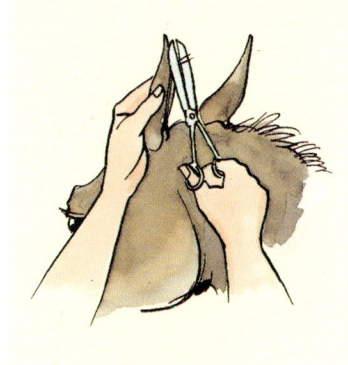

■ **Les poils de l'auge et des joues**

Entre les ganaches et sur le plat des joues poussent de longs poils. Coupez-les avec des ciseaux, car vous aurez du mal à les arracher. Autrefois, on les brûlait avec un brûloir à alcool, une torche ou un simple morceau de journal enflammé, ce qui affole généralement le jeune cheval.

Attention à ne pas toucher aux longs poils tactiles situés sur le bout du nez ou à la lèvre inférieure du cheval. Il en a besoin pour approcher un objet car, comme nous, le cheval ne voit pas le bout de son nez.
Notez que les éleveurs de certaines races, Quarter Horses par exemple, coupent tous les poils longs de la tête du cheval de show.

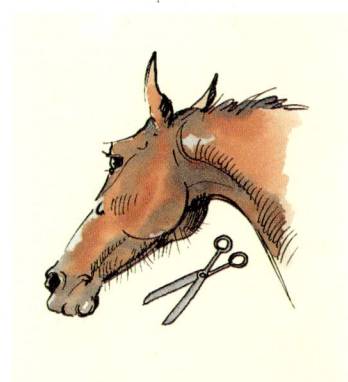

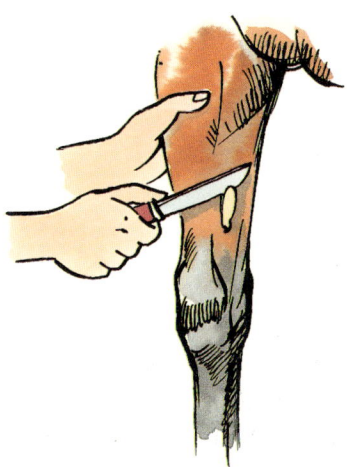

Comment tailler les châtaignes ?

On nivelle les châtaignes, proéminentes chez les chevaux de races rustiques et lourdes, en enlevant des couches successives de cette corne molle avec un couteau. Pour les manifestations, certains éleveurs les frottent avec une petite plaquette recouverte de papier de verre afin de les faire disparaître. Les châtaignes des chevaux lourds sont laissées saillantes.

LA QUEUE

Il faudra intervenir sur les poils du haut de la queue, sur sa longueur et sur sa forme. Commencez par brosser la

queue : soulevez-la avec la main gauche (si vous êtes droitier) et laissez tomber les touffes du dessous, en les brossant mèche par mèche pour séparer les crins. Vous démêlerez soigneusement tous les autres crins à la main. Vous pouvez vous servir de l'étrille américaine en plastique, mais évitez le peigne qui arrache des touffes de crins. Arrachez, petit à petit, d'abord les crins morts et vérifiez à intervalles réguliers l'allure de la queue, en prenant un peu de recul. Pour que la queue soit belle lorsque le cheval la porte en panache, il faut enlever les mèches du dessous qui pendent du couard quand on soulève la queue.

■ Le haut de la queue

Chez les chevaux de sang élevés en box, les poils latéraux du couard sont soigneusement arrachés à la main. Un conseil : mettez des gants ou coupez-les en biais

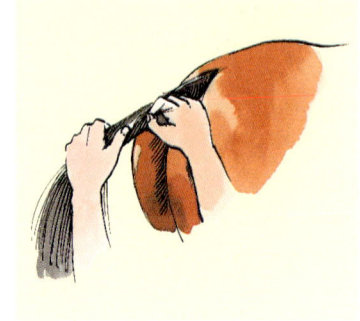

avec une paire de ciseaux. Notez que le couard des juments est laissé plus fourni que celui des mâles, pour cacher la vulve.
Pour les races plus rustiques, laissez le haut de la queue fourni : cela protège l'anus et la vulve des piqûres d'insectes. N'arrachez que les poils les plus longs, en conservant une partie des poils latéraux.

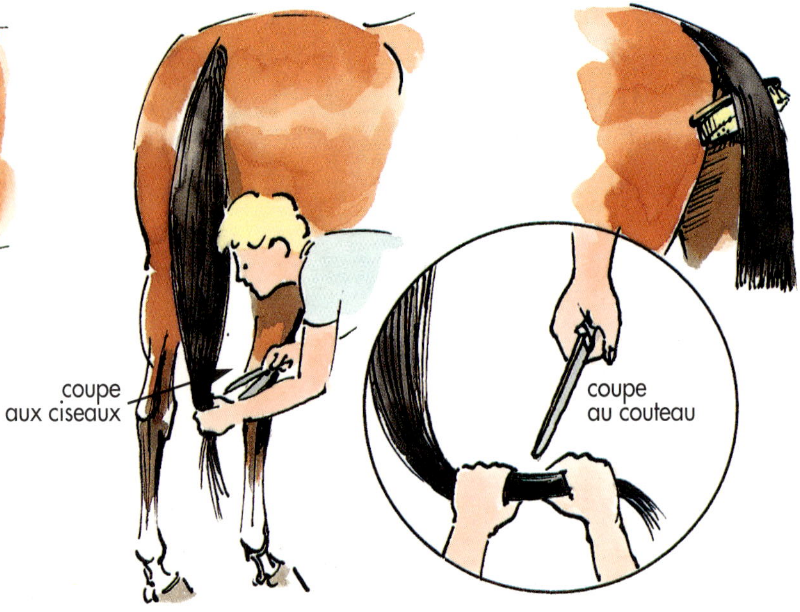

coupe aux ciseaux

coupe au couteau

■ La longueur et l'extrémité de la queue

Après avoir allégé la queue et l'avoir bien brossée, il faut couper son extrémité. Pour juger de sa longueur dans son port naturel, passez un bras sous le couard. Serrez le haut de la queue avec l'autre main et glissez la main vers le bas en tendant les crins jusqu'à la longueur voulue.

Pour garder les deux mains libres, une astuce consiste à coincer une brosse sous le haut de la queue. Il est plus simple de couper la queue « en balai », c'est-à-dire droite à son extrémité.

Un couteau bien affûté est beaucoup plus efficace qu'une paire de ciseaux. Tailler l'extrémité « en pinceau » avec des ciseaux est une affaire plus délicate. Dans son port naturel, l'extrémité de la queue doit arriver un plat de main sous les jarrets, mais vous pouvez la laisser plus longue, suivant votre goût.

Dernière opération : dans le cas d'un toilettage classique et dans le but d'affiner le haut de la queue, il vous reste à la mouiller et à la bander.

LES SABOTS

Curez les pieds et brossez les parois. Vous pouvez ensuite passer avec un pinceau une couche d'onguent noir sur la corne. Prenez soin de remonter sous les poils du bourrelet sans les noircir, surtout pour les robes claires. Pour que le cheval ne vous

salisse pas en bougeant ses membres, faites tenir un pied en l'air pendant que vous noircissez les autres sabots. Attendez le dernier moment pour passer les sabots à l'onguent, afin d'éviter que le sable et la poussière ne collent sur la corne. Mettez des gants ou mouillez vos mains, car l'onguent n'adhère pas à la peau mouillée.

LES EFFETS PARTICULIERS

■ Le shampooing

Faites le shampooing la veille du concours.

Utilisez un shampooing spécial pour chevaux, dilué dans un seau d'eau, ou du savon doux frotté directement sur le cheval mouillé.

Rincez abondamment. Vous tremperez la queue directement dans le seau.

■ Maquiller la tête

Pour embellir la tête du cheval, lavez et séchez le tour de ses yeux, de ses naseaux et de sa bouche avant d'enduire ces parties avec du gel pour cheveux ou encore de la vaseline.

■ **Blanchir
les balzanes et la liste**
Après avoir lavé les poils blancs, blanchissez-les avec de la craie juste avant de présenter le cheval. On lavera une queue blanche dans un seau en ajoutant à l'eau du produit blanchissant de lessive.

■ **Les «dents de requin»**
Sur les flancs du cheval, des motifs «en dents de requin» mettent les muscles en valeur. Mouillez une brosse, placez-vous derrière le cheval et brossez, l'un après l'autre, des triangles à rebrousse-poil.

Pour fixer les dessins, vous pouvez pulvériser un voile de laque à cheveux avec une bombe aérosol.

■ **Les damiers décoratifs**
En jouant sur le sens des poils, vous pouvez dessiner sur la croupe des motifs décoratifs. Quelle que soit la méthode, commencez par humidifier la croupe avec une flanelle. Passez ensuite sur la zone à décorer du gel pour cheveux et lissez le poil avant d'effectuer le damier. Si vous

n'avez ni laque ni gel, mouillez la croupe avec de l'eau sucrée avant de faire les damiers; les poils collés par le sucre maintiennent les motifs.
– *Avec un peigne*
Coupez un peigne à la longueur des côtés des carrés que vous désirez obtenir. Après avoir préparé la croupe comme indiqué ci-dessus, dessinez un à un les carrés avec le peigne passé de haut en bas et en modifiant le sens des poils.
– *Avec un pochoir*
Vous trouverez, dans les selleries, des plaques en plastique avec des découpes sous forme de damiers carrés ou de losanges.
Après avoir préparé la zone à décorer comme indiqué ci-dessus, maintenez fermement le pochoir sur le sommet de la croupe et passez la brosse par-dessus, de haut en bas, ce qui change le sens des poils. Enlevez la plaque avec précaution.

TRESSAGES ET NATTAGES

Chevaux et poneys présentés en concours avec la crinière nattée et la queue tressée gagnent en élégance. Le nattage permet de personnaliser l'allure de votre monture en fonction de sa race et du style d'équitation pratiqué.

En Andalousie, par exemple, lors des fêtes publiques, chaque cavalier met un point d'honneur à présenter sa monture d'une manière originale pour la distinguer des autres et mettre en valeur ses points de force.
Lors des fêtes paysannes, les crinières et les queues des chevaux lourds sont également tressées avec goût.
En tressant la crinière, vous éviterez également qu'elle ne s'emmêle dans les rênes ou les guides d'attelage.

PETIT MATÉRIEL UTILE

En plus du matériel de pansage, vous utiliserez des élastiques à crinières et du ruban adhésif, une bande, un seau, une éponge et de l'eau, éventuellement, un peigne à effiler, une grosse aiguille à bout rond et à gros chas, des produits tels que gels, huile d'amande douce, laque.
Les élastiques, petits et de couleurs variées, permettent d'arrêter les tresses de la crinière. Le ruban adhésif sert, lui aussi, à arrêter les tresses; outre son effet décoratif, il ne casse pas les crins. Sont également utilisées, lors du tressage de la crinière et de la queue,

du fil à coudre solide (fil au chinois) et des perles, ainsi qu'une pince à linge ou une pince à cheveux pour séparer les mèches et maintenir les crins libres pendant que vous effectuez une natte.

LE STYLE CLASSIQUE

Les crins relativement courts des chevaux de sport ou de course sont nattés d'une façon classique. Si la crinière est nattée, la queue est généralement tressée.

■ La crinière

La natte à trois brins constitue la base du nattage. Suivez les indications des croquis.
Le nattage à trois brins doit être très serré dès le début du tressage et parfaitement arrêté avec un élastique, un fil ou un ruban adhésif.
Les croquis de la page précédente indiquent l'ordre du travail. Suivant la forme de l'encolure du cheval, vous pouvez effectuer des tresses larges ou de minuscules tresses très serrées.
Commencez la première natte au niveau de la tête, juste derrière le passage de têtière. La tresse doit être solidement arrêtée avec un fil cousu, un élastique ou un ruban adhésif de couleur.
Les tresses sont ensuite pliées en deux, puis roulées pour réaliser de petites boules très serrées maintenues avec un élastique ou un fil cousu de la même couleur que le crin. Après avoir natté la crinière, il vous reste à tresser le toupet.

■ La queue

Commencez par mouiller les crins de la queue après l'avoir toilettée.
Quelle que soit la méthode de nattage employée, démarrez le tressage le plus haut possible, jusqu'à l'extrémité du couard (partie rigide de la queue) en ajoutant des mèches latérales

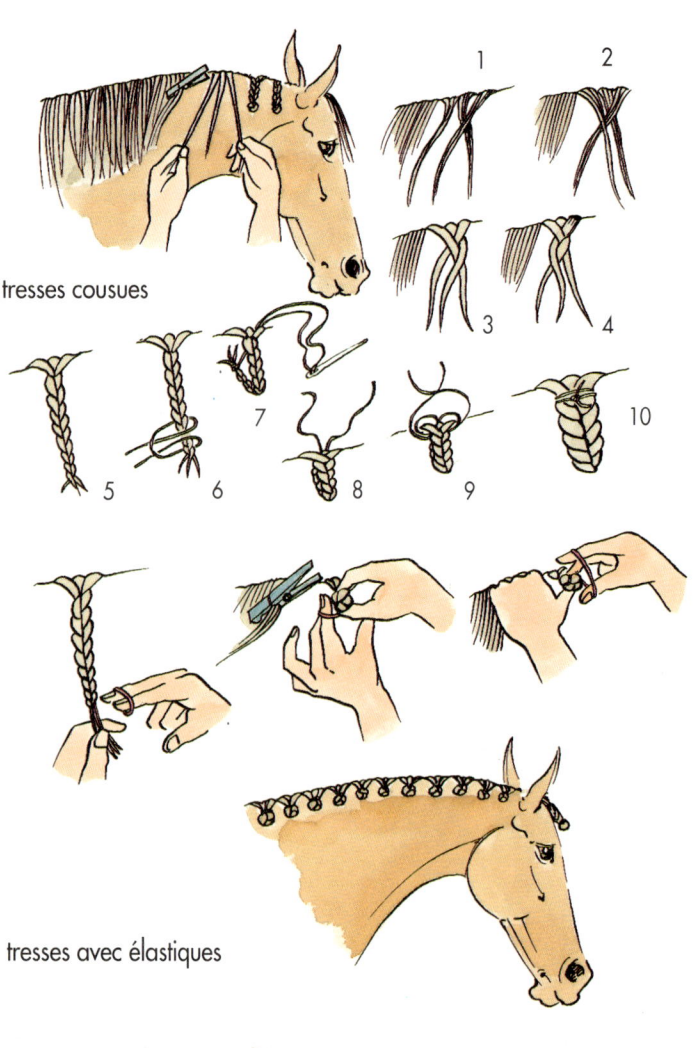

tresses cousues

tresses avec élastiques

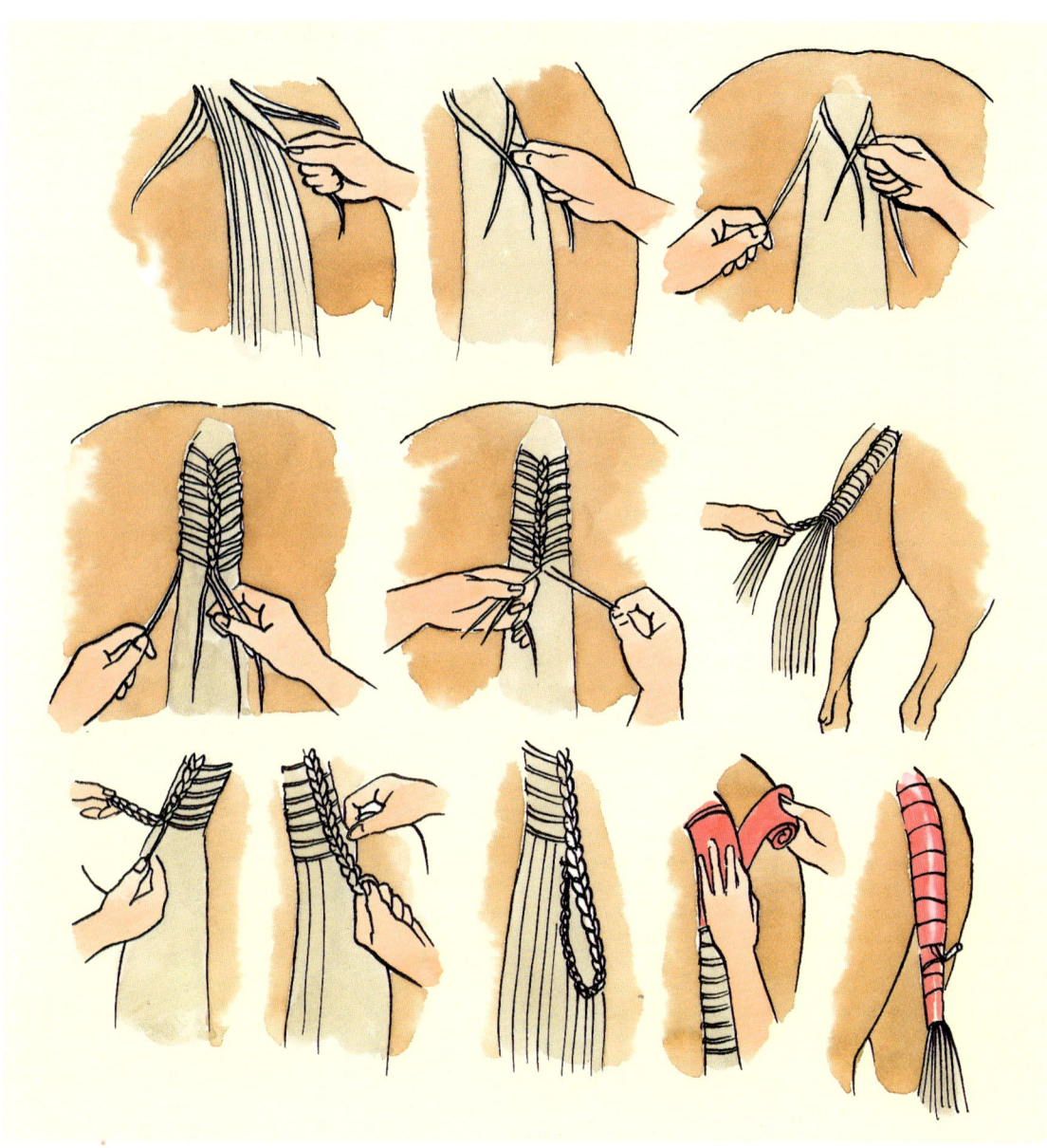

pour «ficeler» le couard. Tressez la première natte très serrée pour ne pas compromettre la solidité de l'ensemble. A partir du couard, le nattage se termine par une natte unique, retournée vers le haut et solidement cousue. Mouillez ensuite la queue nattée avec une éponge et serrez-la dans une bande dès le début de la queue jusqu'à la fin du couard. Le nattage est ainsi protégé; vous enlèverez la bande avec précaution. Un conseil : n'essayez pas de tresser une queue dont la base a été râpée.

POUR LES CHEVAUX LOURDS

En présentation, il est d'usage de tresser la crinière des chevaux lourds autour d'une longue tresse de paille ornée de pompons de couleur ou de fleurs en papier ruban. Vous serez plus à l'aise en vous mettant directement à cheval pendant l'opération. Le haut de la queue des chevaux «écoués» est natté avec des rubans de raphia. Les queues longues sont nattées comme celles des chevaux de sport.

POUR LES CHEVAUX ANDALOUS OU PORTUGAIS

La tradition ibérique veut que les chevaux conservent la crinière et le toupet démesurément longs, ce qui augmente leur panache. Une longue crinière permet des tressages riches en possibilités et en couleurs. La crinière peut être ondulée par un nattage que l'on défait avant la présentation.

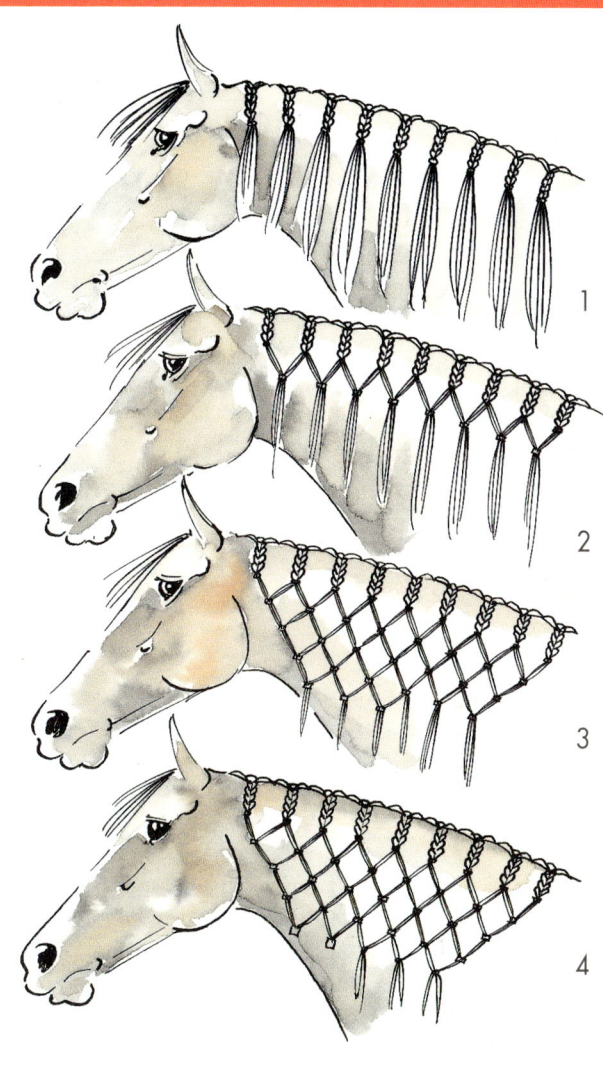

1

2

3

4

TRESSAGES ET NATTAGES

NATTAGES UTILITAIRES

Pour éviter que la queue ne se charge de boue dans le cross d'un concours complet ou qu'elle ne coince une guide lorsque le cheval attelé fouaille de la queue pour chasser les mouches, il est d'usage de la nouer vers le haut.
Après avoir natté la partie haute qui enserre le couard, terminez par une grande natte à trois brins avec l'ensemble des crins jusqu'à l'extrémité de la queue. Arrêtez-la avec un élastique, un fil cousu ou un ruban adhésif et roulez l'extrémité vers le haut en cousant les crins.
Il existe une autre méthode pour nouer la queue, décrite par les quatre petits croquis

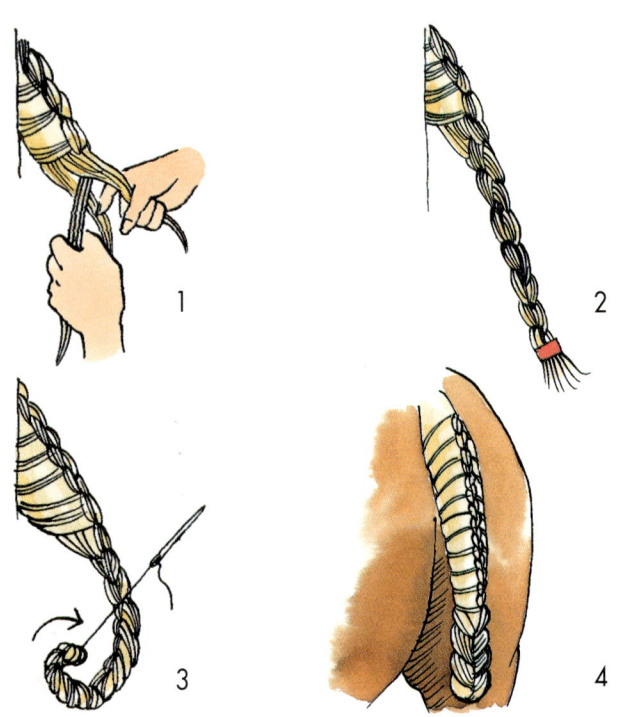

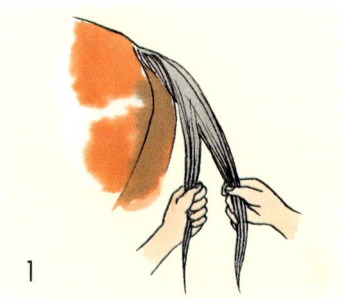

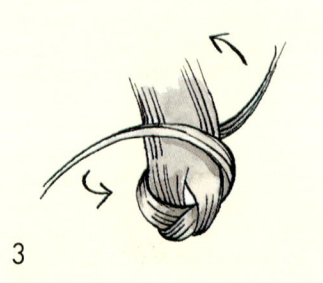

Si l'on veut empêcher que le jeune cheval d'attelage ne coince une guide sous sa queue pendant qu'on le débourre à la voiture ou si l'on veut également le maintenir en ligne droite et l'empêcher de botter, certains dresseurs tressent la queue autour d'une longe attachée à la voiture avec un nœud à ouverture rapide.
En attachant la longe, veillez à laisser un jeu suffisant pour éviter que le cheval ne tire sur sa queue en tractant la voiture.

ci-dessous. C'est une façon plus simple de procéder. Pour finir, vous pouvez enrouler un tour de ruban adhésif sur le nœud pour être certain qu'il ne se défera pas.

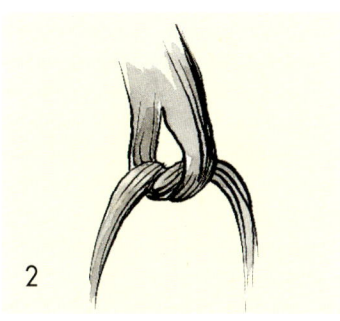

2

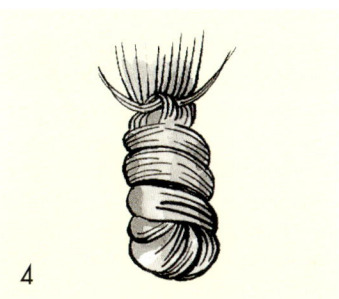

4

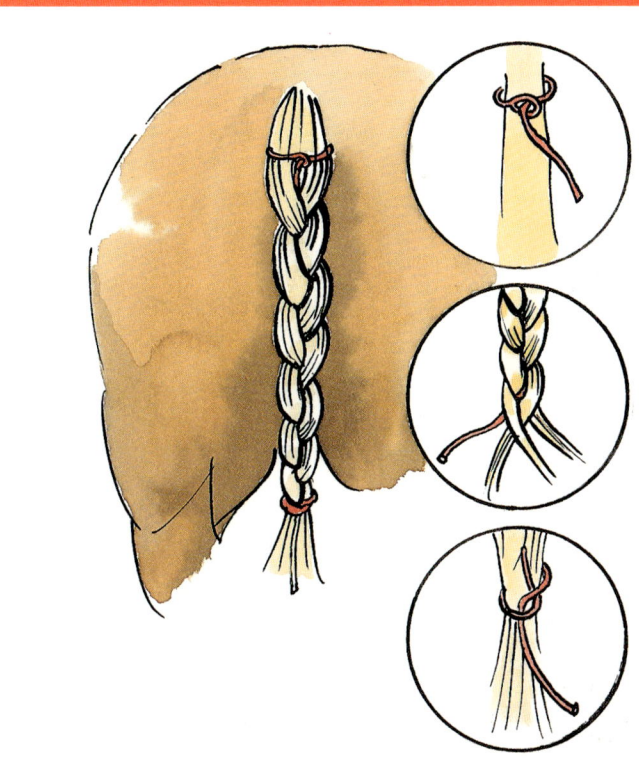

CONSEILS PRATIQUES

■ Ne nattez pas pour la première fois juste avant le concours, car vous risquez d'être déçu par le résultat. Il faut en effet une certaine expérience pour réussir un nattage régulier.

■ Ne nattez pas une crinière qui n'a pas été toilettée, c'est-à-dire débarrassée des crins morts et soigneusement effilée et égalisée.

■ Pour discipliner une crinière dont les crins partent dans tous les sens, une astuce consiste à tresser régulièrement des nattes peu serrées et à suspendre à leur extrémité une boule de plomb ou un petit écrou.
Peu à peu, les crins resteront du même côté.

■ Après avoir brossé la crinière, mouillez-la avec une brosse. Vous pouvez utiliser de la bière pour améliorer l'effet.

Un shampooing démêlant facilite le passage du peigne.

■ Le nombre de mèches doit être impair (7, 9 ou 11) car, avec le toupet, on doit traditionnellement obtenir un nombre pair.

■ Fabriquez un astucieux peigne diviseur.

Si vous avez par exemple choisi de faire onze nattes égales avec la crinière, il suffit de fabriquer un peigne à quatre dents, dont la largeur correspond au onzième de la longueur totale de la crinière.

Après avoir déterminé la dimension du peigne, découpez-le dans un morceau de contre-plaqué ou de plastique dur avec une fine lame de scie.

Vous pouvez coller deux demi-bouchons sur la poignée.

■ Attention :
– les crins trop longtemps nattés ont tendance à se casser;
– un cheval natté la veille du concours peut défaire ses nattes pendant la nuit;

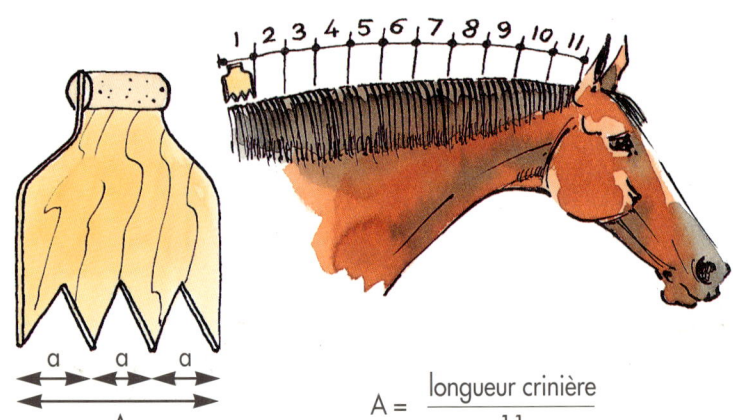

$$A = \frac{\text{longueur crinière}}{11}$$

– certains chevaux de concours «stressent» dès que leur crinière est nattée; ils sentent que le concours est proche. Tenez-en compte.

■ Vous serez beaucoup plus à l'aise pour toiletter ou pour natter un grand cheval, si vous vous mettez sur un ballot de paille ou sur une caisse de toilettage.

ATTÉNUER LES IMPERFECTIONS DE L'ENCOLURE

En jouant sur la largeur des mèches, vous pouvez modifier le volume des nattes et atténuer certaines imperfections de l'encolure. Une encolure massive est atténuée par de très petites nattes.

Au contraire, une encolure grêle gagne en présence avec de grosses nattes.qui lui donneront plus d'étoffe.
Si votre cheval a une encolure creuse ou renversée, il suffit de placer deux ou trois nattes plus importantes dans la zone creuse de l'encolure pour redonner l'impression d'une courbe harmonieuse.

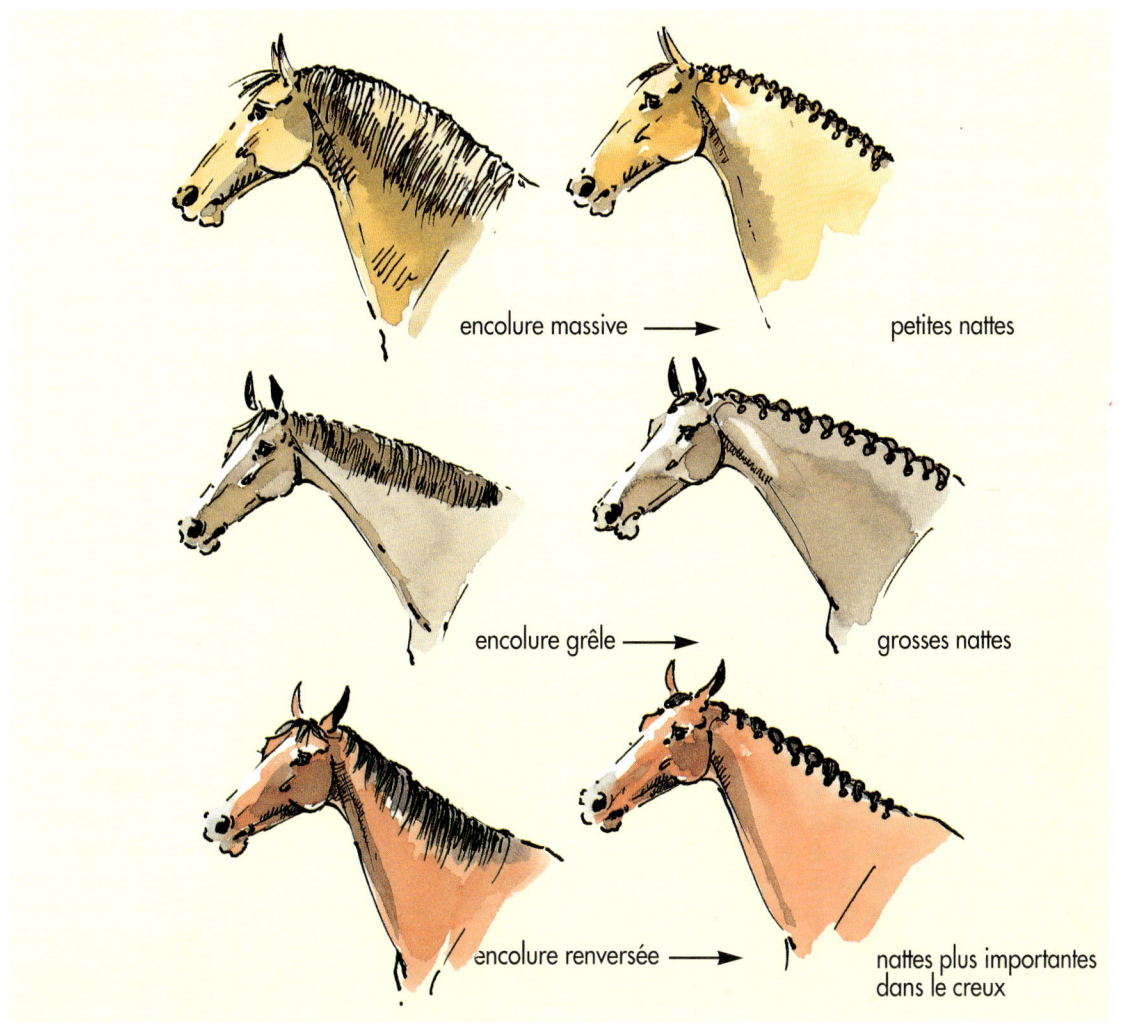

encolure massive → petites nattes

encolure grêle → grosses nattes

encolure renversée → nattes plus importantes dans le creux

COMMENT PRÉSENTER UN CHEVAL ?

■ **Présentation classique**

Lorsque vous présentez un cheval à l'arrêt, il faut respecter les conditions suivantes en fonction du juge.
– Placez-le de profil et «hors crinière».
– Le sexe et le passage de sangle devant être visibles, le cheval doit reculer le postérieur qui se trouve du coté du juge.
– Les antérieurs sont présentés au garde-à-vous.
– La tête haute et l'attitude vivante améliorent son allure.

■ **Présentation du cheval arabe**

Le cheval arabe est présenté d'une façon particulière, très campé des postérieurs, la tête bien relevée d'une manière

expressive. Il est équipé d'un licol de présentation très fin, qui s'harmonise avec l'élégance de sa silhouette. Certains chevaux, coutumiers des concours de beauté, posent fièrement devant les juges avec les oreilles pointées en avant, ce qui contribue à mettre leur tête en valeur. (Reportez-vous aussi à la description du toilettage du cheval arabe.)

SACHEZ HARMONISER LES COULEURS

Si vous prenez soin d'harmoniser les couleurs du tapis de selle, du frontal, des protections, des rubans utilisés pour le nattage – sans oublier celles de votre habillement –, le couple que vous formez avec votre monture y gagnera une touche d'élégance supplémentaire.
Essayez de jouer sur les couleurs complémentaires pour obtenir un bel effet d'ensemble : par exemple, associez du rouge avec du vert, du violet avec du jaune et du bleu avec de l'orange.

INVENTEZ UN NATTAGE PERSONNALISÉ

Si vous avez la chance de posséder un cheval ou un poney dont la crinière et la queue sont très longues, vous pourrez effectuer un nattage original et un tressage personnalisé.

Les croquis ci-dessous vous en proposent des exemples qui complètent les techniques de base présentées plus haut. Avec un peu d'imagination et de goût, sans oublier l'expérience qui vient de la pratique, vous pourrez ainsi distinguer votre monture.

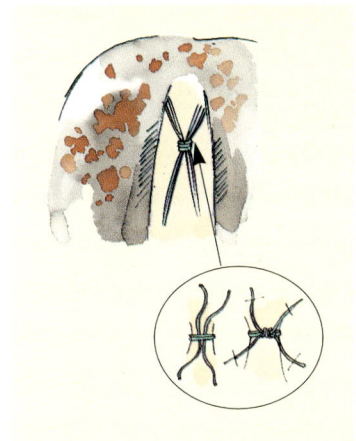

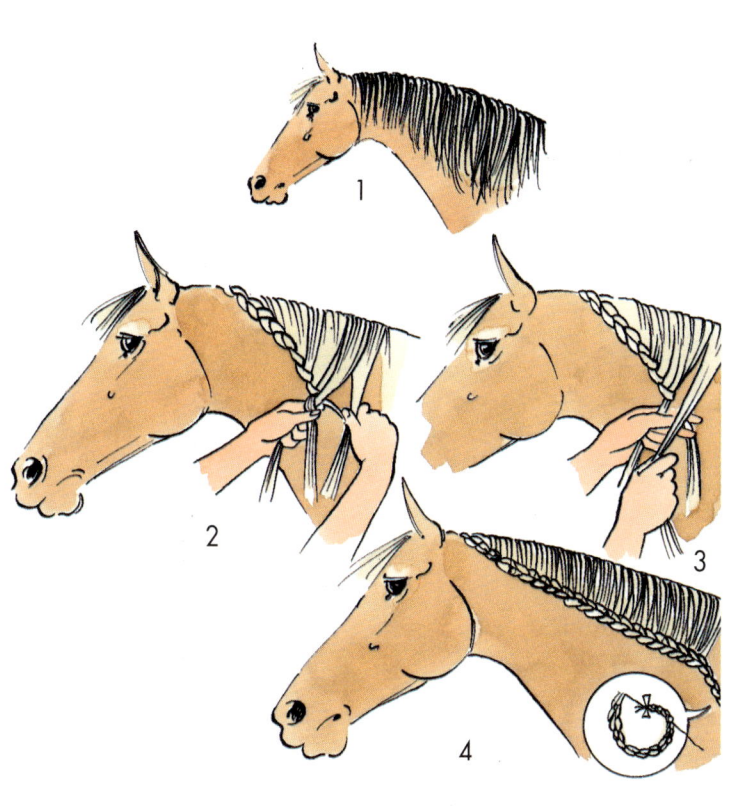

PETIT LEXIQUE

Auge
Partie de la tête du cheval formant un creux entre les maxillaires, de part et d'autre des ganaches.

Balzane
Marque de poils blancs, plus ou moins étendue à l'extrémité d'un membre.

Botter
Le cheval botte en frappant vivement avec ses postérieurs.

Boulet
Dernière articulation basse d'un membre.

Bridon
Harnais de tête du cheval, destiné à le conduire.
Le bridon maintient le mors où sont fixées les rênes.

Châtaigne
Petite proéminence de corne située sur la face interne des membres, au-dessus du genou et sous le jarret. La châtaigne est le vestige d'un doigt.

Couard
Partie rigide et mobile du haut de la queue, recouvrant les dernières vertèbres.

Crins
Longs poils formant la crinière, le toupet, la queue et les fanons.

Débourrage
Première éducation du cheval, qui consiste à lui faire accepter la selle, le mors et le cavalier.

Ecouer
Une coutume voulait que l'on coupe la queue des chevaux lourds au niveau du couard. Le cheval est alors écoué.

Encolure
Partie de l'anatomie située entre le corps et la tête. La crinière se situe sur l'encolure.

Ergot
Partie proéminente de corne située à l'arrière des boulets. Les crins du fanon poussent sur l'ergot.

Fanon
Touffe de crins couvrant l'ergot à l'arrière du boulet.

Fourchette
Partie de corne en forme de V située sous le sabot.

Ganache
Régions latérales de la tête, de part et d'autre de l'auge.

Garrot
Région saillante de la ligne du dessus, située entre les épaules.

Jarret
Articulation située au milieu du membre postérieur.

Lacunes
Cavités latérales et médianes de la fourchette, sous le sabot.

Liste
Trace allongée de poils blancs sur la tête du cheval.

Mors
Instrument métallique qui prend place dans la bouche du cheval et sert à le guider par l'intermédiaire des rênes.

Paturon
Partie du membre située entre le sabot et le boulet.

Sabot
Enveloppe cornée du pied. La corne du sabot est protégée par les fers.

Sole
Face inférieure du pied prenant appui sur le sol.

Têtière
Partie de l'encolure où prend appui la têtière du bridon ou du licol et dont les crins peuvent être coupés, pour former le passage de têtière.

Toupet
Houppe de crins tombant vers l'avant, entre les oreilles.